AF376017

QUELQUES VÉRITÉS

EN

PROSE ET EN VERS.

DE L'IMPRIMERIE DE DOUBLET,
Rue Gît-le-Cœur, N°. 7.

QUELQUES VÉRITÉS

EN

PROSE ET EN VERS;

PAR M. LE CAPITAINE L. N. B.,

De la Légion des........

Soutenons bien nos droits............
C'est ainsi devers Caen que le peuple raisonne.
BOILEAU, Épître 2e.

A PARIS,

CHEZ PLANCHER, ÉDITEUR DES OEUVRES DE VOLTAIRE,
ET DU MANUEL DES BRAVES, rue Poupée, N.° 7.

1818.

QUELQUES VÉRITÉS

EN VERS ET EN PROSE.

ÉPITRE AU ROI.

Baume consolateur, Louis, notre espérance,
Tu règnes sur les champs de l'immortelle France.
Le destin fatigué de te porter ses coups,
T'a rendu le beau droit de nous protéger tous.
Tes vertus, tes talens, tes malheurs sans exemple
Composent un tableau que l'univers contemple.
On t'estime, on t'honore, et modèle des rois,
Ta naissance te place où t'eût mis notre choix.
Mais tu connais en vain la science du trône,
Et rends un nouveau lustre à ta noble couronne,
Si les ultrà, parés d'un spécieux amour,
Entrent dans tes conseils, approchent de ta cour.
Dévorés d'un besoin de haine et de vengeance,
Ils feront dans ton cœur germer la méfiance;
Et ton peuple par eux soustrait à tes regards,
De ces heureux aînés deviendra les bâtards.
Eux seuls seront soumis, eux seuls seront fidèles,
De toutes les vertus paraîtront les modèles.
Mais s'il faut te défendre au péril de leurs jours,
Tu les verras bientôt, par de subtils détours,
S'éclipser à tes yeux : leur courage éphémère
Durera moins long-tems qu'une vapeur légère
Que la chaleur élève, et qu'un souffle détruit;
Ou tels que ces oiseaux, noirs enfans de la nuit,

Dans l'ombre ils chercheront une retraite obscure :
La prudence est un don que leur fit la nature.
Si tu veux des sujets que rien ne peut changer,
Dociles dans la paix, calmes dans le danger,
Patiens, courageux, fidèles, intrépides,
Toujours obéissans à la voix de leurs guides,
Grand Roi, c'est de nos rangs qu'il faudra t'approcher :
C'est là seul que tu peux, que tu dois les chercher.
A leur franchise, au moins, tu pourras reconnaître
Quels sujets sont vraiment les amis de leur maître.
Zélés observateurs de tes sublimes lois,
Ils borneront leur gloire à mériter ton choix,
Et te demanderont, pour toute récompense,
L'honneur de s'immoler au salut de la France.
Vois, près de nos foyers, tous ces peuples divers,
Que la haine amena des bouts de l'univers,
Souriant aux malheurs dont nous fûmes la proie,
Faire éclater encore une insolente joie.
Vois du farouche Anglais la perfide amitié
Nous accabler du poids d'une indigne pitié.
Dix fois vaincu par nous, vois l'aigle germanique
Fier d'être le vassal du peuple britannique.
Regarde ces forêts de piques et de dards,
Menaçant dans la paix ton trône et nos remparts,
Le Français frémissant sous le faix qui l'accable ;
Mais prêt à renverser leur ligue formidable.
Interroge ton cœur, vois nos bras soulevés,
Parle, et tous nos affronts seront bientôt lavés.
Que dis-je ? notre force est dans l'obéissance.
Respectons tes secrets, comptons sur ta prudence.....
Image du Très-Haut, un Roi législateur
Juge sans passion et punit sans fureur :

Sa main sèche les pleurs, récompense, encourage,
Et le bonheur de tous est son plus bel ouvrage.
Qu'un pair, un député, dans la chambre, au sénat,
Balance tes pouvoirs pour le bien de l'État,
Tout le peuple applaudit à leur grandeur suprême;
Il sourit à des droits qu'il a donnés lui-même.
Mais quand une ordonnance, acte vraiment royal,
Répare en un seul jour ce qu'un an fit de mal, |
Quel démon malfaisant arrête et paralyse
L'heureux succès promis à ta noble entreprise?
Quel démon veut encor nous plonger dans le deuil?
Je le vois, et ce monstre est enfant de l'orgueil.
Quoi! dit-il, puis-je.... Moi.... souffrir la concurrence
De ces êtres obscurs, forts de notre impuissance?
Puis-je m'asseoir en paix près d'un homme odieux,
Possesseur illégal (1) du bien de mes aïeux?
Prétend-on, après tout, que ma gloire s'allie
Avec ceux qui toujours me parlent de patrie,
Veulent vivre en égaux, et pensent que la loi
Qui fut faite pour tous, peut s'appliquer à moi?
Non!! Voilà comme on pense et comment on s'explique.
C'est ainsi.... Mais grand Roi, ta sagesse réplique
Qu'un seul de tes regards peut le pulvériser.
Grâce! grâce pour lui, tu dois le mépriser.
Pourtant si ta clémence augmente son audace,
Si ce monstre inhumain se redresse et menace,
Frappe alors; que sa chute à la postérité
Apprenne ta justice, et ta sévérité.

---

(1) Pour que l'épithète soit juste, il faut faire attention que c'est un ultrà qui parle, et que ces messieurs n'accordent force de loi qu'à ce qui les favorise.

N'importe de quel nom sa fourbe l'environne :
L'ennemi de ton peuple est celui de ton trône.
Qui soulève l'État devient traître à son Roi,
Et doit être frappé du glaive de la loi.

En grands événemens notre siècle fertile,
Dans l'art de gouverner devient un livre utile.
Vingt ans de notre histoire offrent à tes regards
De sublimes conseils dans dix siècles épars.
Tel qu'un' vaisseau poussé par l'effort de sa masse,
S'éloigne du chantier d'où sa force le chasse ;
Tel le peuple Français, brisant d'antiques fers,
Loin des sentiers battus étonna l'univers.
Le premier mouvement fut fécond en orages ;
Toi-même fus en proie à nos communs naufrages ;
Et comme nous, grand Roi, par un heureux effort,
Quand le calme renaît, tu rentres dans le port.
Mais pour parer aux maux que l'avenir apprête,
Sachons adoucir ceux causés par la tempête ;
Et lorsque ta grande âme aura tout effacé,
Jetons de tems en tems les yeux sur le passé,
Non pour y retrouver, par des soins condamnables,
Des germes de vengeance et des têtes coupables,
Mais pour nous rappeler que d'équitables lois
Font le bonheur du peuple et la force des Rois.

Élevé dans les camps, enfant de la victoire,
L'équité dans mon cœur règne auprès de la gloire,
Et jamais mon esprit, par l'orgueil emporté,
Ne fit, pour l'intérêt, ployer la vérité.
L'amour de mon pays seul m'anime et me touche ;
Lui seul conduit ma main, seule entr'ouvre ma bouche.
Sire , sans artifice , incapable d'effroi,
C'est, *la main droite au cœur*, que je m'adresse à toi.

ÉPITRE

AUX VÉTÉRANS DE L'ARMÉE.

Illustres vétérans, digne espoir de l'État,
Venez briller encor d'un immortel éclat;
Remparts de nos foyers, le burin de l'histoire
Vous assigne une place au temple de Mémoire.
La France vous adresse un regard suppliant.
Français, chacun de vous n'est-il pas son enfant?
Pouvez-vous résister au pouvoir de ses larmes?
Non, la gloire et l'honneur ont pour vous trop de charmes.
D'un feu divin et pur vos cœurs sont embrasés;
Vous levez vers le ciel vos fronts cicatrisés;
Et ces bras invaincus qu'a désarmés l'envie
Sont tout prêts à s'armer au seul nom de patrie.
Dans les mâles discours de nos vrais députés,
Jugez des sentimens par le peuple adoptés.
Admirez dans le sein d'une auguste tribune
Ces hommes que harcelle une ligue importune,
Égaler dans la paix, audacieux soldats,
Ce que vous avez fait au milieu des combats.
En vain par ses projets, cette ligue insensée
Croit pouvoir opprimer la France terrassée.
Organes de l'armée et de la nation,
Nos fiers représentans, forts de l'opinion,
Préserveront l'État sur qui gronde l'orage,
En couronnant vos fronts des palmes du courage.

Qu'importent, après tout, les froids raisonnemens
De ceux dont vos exploits condamnent les penchans ;
Que font à votre honneur ceux de qui votre gloire
Fatigue avec raison la fidèle mémoire ?
Méprisez-les..... Du Roi les bras vous sont ouverts ;
Il sait vous reconnaître aux lauriers toujours verts
Que de lâches complots et d'horribles tempêtes
N'ont jamais pu souiller, ni flétrir sur vos têtes.
En vous montrant au siècle, hommes ambitieux,
Ils appellent sur vous ses équitables yeux.
De leur acharnement, généreuses victimes,
On sait que vos hauts faits ont été vos seuls crimes,
Et qu'ils vous craindraient moins si dans ces jours affreux
Votre muet dédain n'eût déposé contre eux.
Sortant de l'horizon, où sans bruit il se forme,
Comme un géant armé d'une massue énorme,
Le Tems marche vers nous : son regard menaçant
A déjà fait pâlir l'orgueil intolérant ;
Et bientôt d'un seul coup, terrible en sa justice,
Il va des préjugés renverser l'édifice.
Libre du joug honteux qui comprimait sa voix,
Déjà la vérité n'étonne plus les rois.
L'éloge du soldat vole de bouche en bouche ;
Et s'il est par hasard un être assez farouche
Pour se plaire à ternir nos éclatans succès,
Il est déshérité du beau nom de Français.

 A ces cheveux blanchis sous une illustre armure,
A ce ressentiment d'une trop longue injure,
Soldats, je reconnais ceux qui m'ont devancé,
Et je suis fier du rang où leur sang m'a placé.
C'est pour eux, c'est par eux, que mon âme enflammée
Cherche à fixer sur moi la juste renommée.

O Muse, qu'ai-je dit? quelle témérité !
Vivans, ils sont conquis par l'immortalité.
De nos exploits fameux illustrant les archives,
Vétérans, vous avez sur de lointaines rives
Versé les flots d'un sang à jamais précieux.
L'univers est rempli de vos faits glorieux.
Là, trois cents d'entre vous, forts de leur énergie,
Arrêtent, dans sa marche, une armée ennemie;
Là, cent mille guerriers sous les murs de Burgos,
Restent paralysés par quinze cents héros.
Jusque dans vos revers, soldats, j'en fis l'étude,
La gloire vous suivit comme par habitude.

SATIRE PREMIÈRE.

Où l'auteur attaque la versatilité de quelques-uns et la vénalité de
beaucoup d'autres.

C'EN est fait, mon démon et m'anime et m'inspire,
Je saisis sans pitié le trait de la satire,
Et d'un bras vigoureux que rien n'arrêtera,
Je m'apprête à frapper qui le méritera.
Cependant modérons cette fureur d'écrire,
Et pesons bien d'abord ce que nous allons dire ;
Car dans ce siècle d'or, nous pouvons l'avouer,
Un auteur doit se taire, ou mentir et louer.
La raison ? la raison, c'est que dans nos provinces,
Chez le clergé, les grands, le ministre et les princes,
Grâce aux yeux indulgens qui n'aperçoivent rien,
Ce qui se fait est beau, durable, utile et bien.
Si par humeur, pourtant, vous avez la rudesse
De parler franchement ; aussitôt de la presse
On appelle sur vous les élastiques lois,
Vous laissant seulement l'inévitable choix
De brûler sans délais un innocent ouvrage,
Ou bien d'aller à *Ham* faire un pélerinage.
C'est là qu'en une heureuse et douce oisiveté
On rêve librement à cette liberté
Que vingt ans de travaux, de malheur et de peine,
Ont chargée à jamais d'une éternelle chaîne.
C'est là que sur le cours des révolutions
L'homme peut se livrer à ses réflexions,

Ou dans l'espoir honteux de prolonger sa vie,
Baiser très-humblement la main qui le châtie.
« Aimez qu'on vous censure, » a fort bien dit Boileau ;
C'était de la raison nous montrer le flambeau.
Mais si ce grand critique eût connu la censure,
Qui n'admet un écrit qu'au prix de l'imposture ;
Indigné d'un suffrage acquis contre l'honneur,
Il en eût secoué le joug inquisiteur.
Bien loin de l'imiter, visant à la fortune,
Nos auteurs suivent tous une route commune.
Ces heureux fainéans, sûrs d'arriver au but,
Sans s'élever bien haut, tombent à l'Institut.
Eh ! qu'importe, après tout, à cet aréopage
Qu'on mutile en cent lieux un immortel ouvrage,
Qu'on élimine enfin les endroits les meilleurs,
Trop certains qu'aucuns d'eux n'en peuvent être auteurs ?
Le docte C***, de places idolâtre,
Passant légèrement du palais au théâtre,
Ne craint point qu'un édit lui défende jamais
D'aller selon les tems du théâtre au palais ;
Régulateur du goût qu'il ignore lui-même,
Sur tout ce qu'il flatta provoquant l'anathême,
Il remplace Delille, et croit sans vanité,
Qu'il prend esprit, fauteuil, par droit d'hérédité.
Modeste, s'il le faut, audacieux, superbe,
Il saura se plier, glisser, ramper sous l'herbe.
Savant dans la retraite, inébranlable au choc,
Le chantre de Gessen serait turc à Maroc.
Mais c'est assez parler du tournesol mobile ;
Sur un plus digne objet déchargeons notre bile.
Qui percer de mes traits ? bon, ce ministre auteur,
Qui du Vésuve en feu sonda la profondeur....

J'aime à le voir couvert de cendre et de poussière,
Vers le dieu qu'il chanta lever sa tête altière,
Nous parler du néant des humaines grandeurs,
Et très-humainement aspirer aux honneurs.
Sur ce globe tout change et tout se renouvelle :
La bonne foi pourtant devrait être éternelle.
Comment sous un Bourbon l'ambassadeur romain
Peut-il se présenter le portefeuille en main ?
Doucement... parlons bas, ayons de la sagesse,
Il pourrait bien encore influencer la presse.
Puis, par un bon arrêt émané de la cour,
M'envoyer en exil. Eh ! chacun a son tour.
Là, près de la beauté qui suit ma destinée,
Achevant de mes jours la trame fortunée,
Aimé de mes amis absent comme présent,
Je deviendrai pour tous un être intéressant.
On plaindra mes malheurs, les torts de la jeunesse....
Souvent pour m'arracher des mains de la paresse,
A mes persécuteurs, heureux et triomphans,
J'apporterai des vœux comme aux dieux malfaisans.
Remontant quelquefois jusqu'à ces saturnales
Qui souillent les feuillets de nos riches annales,
Des sottises du tems composant mes trésors,
Tout en me moquant d'eux, aux A*** d'alors
Je montrerai comment, par mainte chansonnette,
On est tout à la fois éteignoir, girouette,
Poëte, historien, sans grace et sans vigueur,
Et porteur d'une croix, symbole de l'honneur.
D'abord on pensera que sa valeur guerrière,
Féconde en coups d'éclats dans la noble carrière,
Lui mérita ce signe envié parmi nous.
Mais quand je leur dirai : Messieurs, détrompez-vous,

Celui que j'ai cité n'a jamais sur la dure
Partagé nos travaux, ni porté notre armure.
Jamais même de loin, pour chanter nos exploits,
L'airain n'a retenti des accens de sa voix :
A la poudre à canon il a préféré l'ambre,
Et pour champ de bataille il prit un antichambre.
En froid galimathias, sur les petits tréteaux,
Il a dialogué de mauvais à propos,
Et reçut par les mains de nos filles actrices
La palme réservée aux coureurs de coulisses.
Quand je ferai connaître ! ! ! ! Alors avec mépris
Renvoyant au néant l'auteur et ses écrits,
Le public, qui long-tems a détourné la vue,
Saura venger l'honneur qu'en vain l'on prostitue ;
Et tel qui de nos jours brille d'un haut éclat,
Sera sur la sellette assis comme un goujat.
En attendant le deuil de notre exil funeste,
Donnons un libre essor au chagrin qui nous reste ;
Et du nombre des fous où le sort le noya,
Exhumons, s'il se peut, le professeur Laya.
L'ami des lois en main, lors de quatre-vingt-treize,
Écoutons-le parler à la tourbe française ;
Suivons-le dans ses cours, ce grand républicain,
Encensant le grand homme à la tête d'airain,
Ou laissons-le plutôt se châtiant lui-même,
Vendre pour un fauteuil la liberté qu'il aime.
D'après ces nobles faits, tout le monde avec moi,
Conviendra que ces gens doivent craindre une loi
Qui permette en dépit de l'ancienne censure
De présenter chacun sous sa propre figure :
Tous n'y gagneraient pas, et sans nous fourvoyer,
Nous citerons d'abord ce poëte écuyer,

Interprète d'un prince, outre ce, secrétaire;
Et secrétaire encor sous l'état consulaire ;
Qui passe , sans effort , de son bureau central ,
Comme espion en chef du régime royal ;
Puis , par transition , remonte à l'improviste
Sous l'homme du Destin au grade d'archiviste &
Bien payé disant oui , mieux payé disant non.
Ce jacobin français , disciple de Zénon ,
Malgré le beau serment de mourir patriote ,
Vit heureux sous des rois, et n'est plus sans culotte.
Émules de son art et de son goût changeant ,
Citerons-nous ici tout ce peuple inconstant,
Qui sous le nom d'auteurs cachent une âme vile ,
Ou ces froids embryons, dont la verve docile
Encensa tour à tour quiconque eut le pouvoir.
Non ! cet obscur ramas que l'or fait seul mouvoir ,
Sous le manteau brillant d'une censure illustre,
Pourrait de mes coups même emprunter quelque lustre.
N'allons pas imprudent exhumer maint recueil ,
Dont le mépris public foule aux pieds le cercueil.
Laissons croupir en paix leur dépouille parjure ;
On sait ce que l'on gagne à remuer l'ordure !

SATIRE IIᵉ.

Où l'auteur attaque la folie des femmes entichées de politique.

Qui te donne, mon cher, cet air sombre et maussade ?
As-tu quelques chagrins, ou te sens-tu malade ?
Dans tes nouveaux projets es-tu contrarié ?
— Non, du tout, mon ami; mais je suis marié.
— Marié ! depuis quand ? — Depuis un mois peut-être.
— Eh quoi ! dans ta maison aurais-tu mis un maître ?
Serais-tu de ces sots qui pour avoir la paix
Gémissent humblement et n'agissent jamais ?
— Détrompe-toi. — Comment ? — Apprends que mon épouse
A toutes les vertus. — Bon, bon, elle est jalouse ?
— Nullement. — Mais enfin quel est donc le démon
Qui te chagrine ainsi ? — L'enfer dans ma maison !
— L'enfer ! — Oui. — Parle donc, un tel discours me pique.
— Te le dirai-je, ami ? ma femme est politique.
Chambre, salle à manger, tout, jusqu'à mon bureau,
Est en proie aux fureurs d'un délire nouveau.
Elle poursuit mes gens dans sa rage comique :
Elle interroge, et veut qu'à l'instant on s'explique.
Mais si l'opinion de son valet tremblant
Offense les écarts de son faux jugement,
Ainsi qu'un scélérat échappé de la corde,
Il est chassé sur l'heure et sans miséricorde.
Si moi-même, en rentrant, j'ose, plein de douceur;
Ou demander sa grâce, ou plaindre son malheur,

Aussitôt, sans égard pour le nœud qui nous lie,
Elle jette sur moi les yeux d'une furie,
A tous mes droits d'époux me dit de renoncer,
Et me menace enfin d'aller me dénoncer.
Mes vieux amis, chez moi, n'osent plus reparaître :
Un tel est jacobin, tel autre est faux ou traître ;
Celui-ci reconnu bon serviteur du Roi,
Ne fait point hautement profession de foi.
Celui-là pour suspect est jugé selon elle.
Il n'est point d'action qui ne soit criminelle.
Relever ses erreurs ou parler autrement,
C'est haïr son pays et le gouvernement.
A l'entendre il faudrait que de la France entière
On fît incessamment un vaste séminaire,
Et pour jouir en paix d'une heureuse union,
Mener nos vieux soldats aux bagnes de Toulon.
Juge d'après ce trait quelle est sa frénésie !
Pressé par les besoins d'un estomac qui crie,
En vain pour déjeûner j'appelle trente fois,
L'écho de l'escalier seul répond à ma voix.
Sous mes coups trop hâtés je brise la sonnette ;
Inutiles efforts.... Il lui faut la gazette.
Par son ordre mes gens assiégent les bureaux,
Et ne rentrent chez moi que chargés de journaux.
C'est alors que prenant une grave posture,
A ses valets assis elle en fait la lecture,
Interprète à son gré les sottises du jour,
Ou prône Wellington, l'objet de son amour,
Vante des alliés la bonté, la sagesse,
Mais se plaint hautement des abus de la presse,
Prétendant qu'une loi devrait, avec raison,
Tarir sans nul délai la source du poison.

Cependant elle accorde un entier privilége
A la Quotidienne, à l'almanach de Liége,
Et permet aux auteurs, sur notre sol épars,
D'envoyer leurs quatrains au quartier des Lombards.
Quelquefois au bon sens qui l'offusque et la presse,
Pas à pas je la mène avec un peu d'adresse :
Elle cède un instant, et me donne la main.
Hélas ! tout mon bonheur s'enfuit le lendemain.
A peine est-il midi, qu'une altière baronne
Arrive en mon salon, s'assied et déraisonne
Juge par un édit, dont pâlit son orgueil.
La couronne en péril et le royaume en deuil.
De ces secrets d'état, digne dépositaire ,
Ma femme est, par ses soins, instruite la premiere.
C'est alors qu'à l'envi toutes deux s'escrimant,
On les voit l'œil en feu, cent fois s'interrompant,
Plaindre la prévôté de son règne éphémère,
Et pour bonnes raisons changer le ministère.
Mais leur vœu le plus cher est l'heureux résultat
Qu'on assure au projet du nouveau Concordat.
Suivant la douce erreur qui toujours les obsède,
Dans les murs d'Avignon que leur ferveur lui cède,
Déjà le pape assis s'érige en souverain.
Ce qui les embarrasse est comment du terrain,
Qu'il accepte sans doute avec reconnaissance,
Il pourra sans obstacle entrer en jouissance.

SATIRE IIIe.

Contre ceux qui regrettent le passé comme un tems meilleur.

Ou nous sommes Hurons, Chéeks, Topinambous,
Ou de l'enfance on veut nous rendre tous les goûts.
Eh bien ! enfant barbon je reprends mes lisières,
Et j'attends, en tremblant, l'affront des étrivières ;
Je me courbe, j'admire..... par son magique aspect,
Un crasseux jupon noir m'imprime le respect.
Je célèbre en mes chants la mystique bannière
Que le bon sens réprouve et que la loi tolère ;
Et si l'on doute encor que ma raison ait fui,
Je jeûnerai six mois pour engraisser autrui.
Je dirai : reviens donc, bon tems de barbarie !
N'entends-tu pas déjà M*** qui te crie :
Le fanatisme seul peut soutenir l'autel :
Un culte tolérant insulte l'Éternel.
Il faut sur les Français régner par l'épouvante,
Révoquer de nouveau certain édit de Nante.
Si l'on ne peut ainsi brider la nation,
Il nous reste un secours dans l'inquisition,
Tems heureux où l'orgueil, frère de l'ignorance,
Par un culte honteux servait l'intolérance,
Tems heureux, où le nom donnait seul un appui,
C'est toi que l'on voudrait ramener aujourd'hui.
En effet, quel plaisir de gagner par ses titres
Bâtons de maréchal, crosses et doubles mîtres,

De s'entendre nommer mon prince, mon seigneur :
Je conçois que ce tems était beaucoup meilleur.
Pour moi je n'aurais point par des lois féodales
Régné sur mes vassaux ; mais quant à mes vassales,
Ne voulant point ici passer pour un Caton,
J'aurais peut-être fait comme plus d'un baron.
O c'était si joli d'avoir, dans mainte terre,
De ce sexe enchanteur une ample pépinière,
Et d'étendre à son gré, sultan sans le savoir,
Le droit très-peu chrétien de jeter le mouchoir.
C'est d'après de tels droits qu'un seigneur de village,
Vigoureux par nature et la force de l'âge,
Pouvait à ses vassaux, près de lui rassemblés,
S'écrier : *Mes enfans*..... tous mes vœux sont comblés.
Je vous vois.... Mon curé vous dira, s'il y pense,
Combien je suis content de votre obéissance.
Hélas ! pour son malheur, le Français trop instruit,
Ne suit plus à présent le chemin qu'il suivit.
Fier de lauriers acquis aux champs de la victoire,
Il aime mieux gémir en conservant sa gloire,
Que de vivre enrichi du travail de ses mains,
Sur nos cantons peuplés de petits souverains.
Il pardonne au mérite un degré de puissance
Qui ne peut qu'assurer le bonheur de la France.
Mais il veut à jamais que sa postérité
Soit libre avec justice ; et c'est là l'équité !!
Il veut ? un souverain que le savoir éclaire.
Il l'entend et lui fraie un chemin salutaire.
L'aurore du bonheur à peine a-t-elle lui,
Qu'à la tête du siècle il s'avance avec lui.
Tremblez, tristes barons, votre règne éphémère
A bien quelques instans déchiré votre mère ;

Son sang a bien coulé sous vos doigts inhumains ;
Mais grâces à Louis, tous vos désirs sont vains.
Des crimes du Midi, votre immortel ouvrage,
On parle en frémissant.... Cet horrible carnage.....
— N'a point duré long-tems. — Ce n'était point assez ;
Vous fomentiez encor.... — Non pas.... — Vous pâlissez.
Votre loi des suspects est enfin abolie :
Le paisible artisan peut compter sur sa vie ;
Il ne craint plus, le soir, qu'un visir ombrageux
Le charge sans sujet de fers injurieux ;
Et par de sages lois, la sévère police,
N'est plus un instrument de haine et d'injustice.
Dans sa source arrêté, tari presqu'en naissant
Par la main d'un monarque auguste et tout-puissant,
Ce torrent débordé, grossi par nos orages,
Ne désolera plus ces fortunés rivages.
Le printems va renaître ; avec lui quelques fleurs
Vont recouvrir l'abîme où dorment nos douleurs.
La belle France alors, conquise et non vaincue,
Autour d'elle osera porter enfin sa vue,
Et comptera, malgré ses nombreux oppresseurs,
Beaucoup moins d'ennemis que d'assurés vengeurs.
En vain les factions, dont l'agonie expire,
Voudront dans son sein même échauffer le délire.
Repoussant des désirs enfantés par l'orgueil,
Ce sein, qu'ils ont ouvert, deviendra leur cercueil.
L'amour sacré des arts, l'amour de la patrie,
Tous les enfans chéris de la noble industrie,
Par un concert heureux, marchant d'un pas égal,
A l'hydre des partis gardent un coup fatal.
Vous donc, qui redoutez de plus cruels naufrages,
Marchez comme eux au but préparé par les âges.

Oubliez ces erreurs dont nous ne voulons plus,
Ou si pour vous changer mes soins sont superflus,
Lisez ces mots gravés sur leur illustre asile :
« Le moyen d'être grand, c'est de se rendre utile. »

Je me trouvais accablé de fatigue , énervé par une longue maladie ; dix hommes que j'avais naguères humiliés, et avec lesquels je m'étais raccommodé tour à tour, se réunirent un jour pour tomber sur moi à l'improviste. Je résistai d'abord avec plus de courage que de force ; et cédant au nombre, il fallut capituler. On m'imposa une forte rançon, j'y souscrivis : je m'acquitte religieusement. Pourtant je voudrais savoir si l'on peut croire à la parole de gens qui se mettent dix contre un, et s'ils n'exigeront point autre chose par la même voie qu'ils ont employée.

La raison du plus fort est toujours la meilleure.

Ce n'était pas la peine de se civiliser, les sauvages agissent ainsi.

FABLE

Où bien des gens peuvent se reconnaître, et par laquelle beaucoup
d'autres seront montrés au doigt.

Un lion très-paisible et roi bonne personne,
N'ayant auprès de lui lionceau ni lionne,
    Vivait au sein de ses états
    Mieux que beaucoup de potentats.
Cependant un beau jour il lui vint en cervelle
    De convoquer une sequelle
De tigres, de renards, de loups et de dindons
De lapins, mais sur-tout force caméléons.
Les ânes figuraient au nom de leur province,
Et faussaient aigrement les oreilles du prince,
Chacun d'eux néanmoins, selon ses intérêts,
S'expliquait, agissait.... et dans mainte séance
On s'occupait bien moins des malheureux-sujets
Que du chemin qui mène à la toute-puissance.
Tout calme qu'il était, lion s'en aperçut.
    Messieurs, dit-il, vous n'allez point au but;
De tous les animaux si je suis vraiment maître,
Comme on le dit, de vous aussi je le dois être;
    Et je crois légitimement
    Vous le prouver en vous chassant.

Avec douze apôtres, Jésus-Christ fonda sa religion divine et la propagea par toute la terre. Comment se fait-il que dans un coin de l'Europe, bien que le nombre des pasteurs mîtrés soit considérable, on veuille en créer de nouveaux ?

C'est le secret des Dieux..... qui n'y sont guères intéressés.

———

Sur les rivages de la Manche, au fort d'une tempête, j'aperçus un grand nombre d'hommes sortis de leurs maisons, suivis de femmes et d'enfans. Le sourire de l'espérance était sur leurs lèvres. Qu'ont-ils donc, me disais-je, pour se réjouir ainsi, lorsque les autans déchaînés effraient l'imagination de l'homme sensible ? Qu'ont-ils donc ? On entendait le canon d'alarme et bientôt un vaisseau se brisa sur les roches !!! Je vis alors ! je vis, et l'expérience m'en apprit plus que je ne désirais en savoir......

Je parierais qu'il est des esprits assez malins pour me croire capable d'avoir eu envie de faire une allusion.

———

Qu'est-ce que la raison chez la plupart des hommes ? c'est une boussole dans les mains d'un aveugle.

Que d'aveugles parmi nous !

———

La pression des nuages enflamme les gaz dispersés dans l'air : le tonnerre gronde, le coup part, la foudre pulvérise .... Que doit-on attendre de la pression dont nous sommes victimes, lorsque l'on connaît les élémens terribles que nous possédons ?

———

Un souverain qui arrêterait l'élan de sa nation, ressemblerait à un ouvrier qui émousserait ses outils.

———

Qu'est-ce qu'une sage liberté ?..... C'est la permission d'être soi.

———

Où allez-vous tous ? A la mort : eh bien, applanissons donc le chemin qui nous y conduit !

A force de suivre les sentiers battus, on finit par creuser une ornière; le tems en peut faire un abîme.

Le mot *menageur* en anglais équivaut à notre mot *administrateur*. Je doute que ceux qui portent ce titre soient en Angleterre très-économes des deniers publics. Ce qu'il y a de certain, c'est qu'en France, ménageur et administrateur n'ont jamais été synonymes, dans l'intérêt général.

Les organes d'une nation *qui se laissent influencer par les ministres*, ressemblent à ces têtes de bronze qui vomissent l'eau des fontaines publiques. La seule différence que l'on puisse trouver entre eux, c'est que ces dernières sont des instrumens passifs d'utilité.... Jugez les autres !

Lorsque je pense à la liberté de la presse, il me semble voir saint Denis tenant sa tête entre ses mains; et je me dis, l'un et l'autre arriveront au but..... Il n'y a que le premier pas qui coûte.

Les femmes à esprit transcendant sont considérées comme phénomènes. Quel nom donnera-t-on aux hommes sans caractère ?

J'ai souvent entendu dire que des fripons unis pour le crime se désunissaient dans le partage. J'aimerais bien en juger par expérience.

Quelle différence entre les mots gloire et victoire ! Le premier ne devient la conséquence du second que lorsque les parties sont égales.... J'en appelle à la postérité.

En justice civile on refuse le témoigagne des gens au

service d'un particulier.—En justice politique on met plus de poids dans la déclaration d'un serviteur immédiat du souverain. Croirait-on, par hasard, que les *valets* aimassent mieux leurs maîtres que les autres n'aiment...? Cela ne ferait point honneur à ces derniers.

———

Être soi, c'est être quelque chose. Combien de gens sont moins que rien !

———

L'intérêt particulier doit être à l'intérêt général ce qu'un atôme est à l'immensité.

———

Nous rions en voyant un sauvage tatoué des pieds à la tête ; nous admirons un homme chamarré de rubans divers ; et nous ne jetons pas la pierre à ceux dont l'opinion vacillante change avec l'intérêt du moment. Voilà ce que c'est que l'habitude.

———

Un cheval échappé dans la prairie déploie, aux yeux d'un maître qui l'admire, la grâce et la force dont l'a doué la nature ; il franchit les barrières, saute les fossés, puis revient aux lieux accoutumés recevoir les caresses de ceux qui prennent soin de lui.... Eh ! souverains, aimez-nous, caressez-nous, après vous pourrez sans crainte nous lâcher la bride, notre instinct nous ramènera.

———

Pourquoi met-on tant d'art à chercher la vérité ? C'est qu'on ne l'a pas dans le cœur.

———

Si la justice était indépendante de l'autorité des souverains, ils ne pourraient jamais être méchans.

———

Se soumettre aux lois de son pays, c'est le fait d'un honnête homme ; en démontrer les abus appartient à l'homme de bien éclairé. Les faire parler dans le sens de quelques-uns est le fait d'un scélérat.

———

Il faut distinguer l'homme que l'on craint de l'homme dangereux; malheureusement je m'aperçois que l'on s'y trompe souvent, ou ce qui revient au même, on les traite pareillement.

———

Nos grand'mères étaient encaissées dans des buscs de fer et s'entouraient d'énormes paniers; on trouvait cela tout naturel. Aujourd'hui nos femmes pensent que la gêne exclut les grâces; nous applaudissons. Ne blâmons point le goût de nos anciens, et faisons ce qui peut nous convenir le plus.

———

Si dans la hiérarchie ecclésiastique le nombre des inférieurs est en proportion des supérieurs, il y aura une double conscription dans l'état; ce qui ne laissera pas d'être fort drôle.

———

Un souverain est l'être le plus malheureux de son royaume. Pourquoi? parce qu'il est celui que l'on a le plus besoin de tromper.

———

Nous ne haïssons quelquefois les gens qui ne pensent pas comme nous, que parce que nous n'avons pas assez de force d'âme pour nous élever jusqu'à eux.

———

Nos désirs ressemblent souvent à l'estomac d'un gourmand, qui engloutit sans discernement les alimens les plus contraires à la santé.

———

L'opinion est impalpable comme l'air, et telle qu'un vent impétueux elle parcourt l'univers, sans qu'une barrière puisse l'arrêter.

———

La chute d'une pomme dévoila à Newton les lois de la pesanteur; nos chutes nous seront-elles moins utiles?!!

———

Le présent est la postérité du passé; soyons équitables, nous serons jugés un jour avec sévérité.

———

Un berger conserverait-il un chien qui viendrait lui lécher les mains au lieu de veiller à la garde du troupeau? Non, certes : eh ! bien, on méprise un voleur et un dénonciateur ; mais je crois que le plus vil des deux est celui qui n'a point de risques à courir. Comment ne fait-on point une loi contre ces derniers pour établir une juste balance ? Qui sait ? les voleurs seraient peut-être humiliés de la comparaison.

———

Jusqu'à quel âge du monde Thémis a-t-elle été vierge ? — Hélas ! aujourd'hui elle est fille, femme, veuve, et pis que tout cela.

———

On émancipe les jeunes gens à quinze ans ; ils sont majeurs à vingt-un. Pourquoi les peuples sont-ils toujours en minorité? C'est qu'il faudrait être trop vertueux pour leur inspirer le respect et la confiance que beaucoup de pères de famille commandent bien long-tems après l'époque de la majorité.

———

Semblable à la lampe prête à s'éteindre, et qui jette de tems en tems quelques éclats de lumière, la honte dénote l'agonie de la vertu.

———

Exiger un serment de quelqu'un, c'est faire injure à sa probité.

———

La calomnie est un poignard empoisonné avec laquelle on assassine une victime endormie.

———

Quelques grains de sable réunis par le hasard et resserrés par le tems, composent le marbre le plus dur, et le fer est

détruit par la rouille. Quelle ressemblance avec nos insti-
tutions politiques nées et à naître?

Si les peuples criaient plus souvent aux lois ! aux lois !
les rois ne crieraient pas si souvent aux armes !....

Deux cailloux frappés l'un contre l'autre font jaillir des
étincelles de lumière. On prétend en inférer de même du
choc des opinions; mais on ne fait pas attention que les
cailloux ne se blessent pas.

Opposer une digue aux idées utiles et justes, c'est jeter
un morceau de roche dans un ruisseau : d'abord il frémit,
bouillonne, surmonte l'obstacle, et continue sa course
avec tranquillité.

Un naturaliste examine, durant ses voyages, toutes les
plantes qu'il rencontre; il en trouve de vénéneuses, de cor-
rosives, de suaves, d'adoucissantes; et selon leurs proprié-
tés, elles sont placées dans la pharmacopée. Comment ne
suivons-nous pas ce précepte en politique, et n'appliquons-
nous pas aux besoins présens les leçons de l'expérience?

L'homme sans mérite qui se targue d'illustres aïeux, res-
semble à un paralytique octogénaire qui ferait parade des
forces de sa jeunesse.

Pour faire agir le levier d'Archimède, il ne fallait qu'une
force physique et un point d'appui. Nous avons le point
d'appui, il ne nous manque plus que la force.... morale.

Le cerf, le chevreuil, poursuivis par des chasseurs, suivent quelquefois une route qui leur est inconnue, un
abîme est au bout, leur élan les y entraîne, ils tombent.
C'est l'image des passions qui nous poussent dans le sentier
de l'injustice, dont l'issue est le crime.

Il est en Amérique une plante suave, dont peu de personnes supportent l'odeur, et dès qu'on en fait l'offrande à celles qui n'osent la refuser, elles sont aussitôt blessées par ses épines. Que de rapports entre cette plante et la vérité !

Les représentans d'une nation divisés dans leurs opinions de manière à former parti, mettent l'état dans la position d'un moulin établi à la jonction de deux torrens directement opposés ; il résistera d'abord au choc, bientôt il se brisera.

Les cloches sont dans l'air ce que les cris du peuple sont à l'oreille des grands, un vain bruit : mais il y a un autre objet de comparaison ; le son des cloches attire le tonnerre, qui frappe ordinairement la partie la plus élevée de l'édifice.

Les promesses des princes sont écrites sur le sable, les devoirs des sujets sont gravés sur l'airain. Pourquoi ? c'est que les uns sont toujours là, et que les autres changent à chaque génération.

Pour arriver au but il faut en prendre la direction ; quelque chose de plus essentiel encore, c'est d'en avoir un.

Le commerce est un fleuve qui charie les richesses et porte la vie par des canaux à l'intérieur. Le ruisseau fertilise la prairie en la rafraîchissant par des filets d'eau ; arrêtez-le dans sa source, l'herbe se séchera.

Si la fourmi laborieuse ne rencontre rien qui puisse payer ses peines et grossir ses trésors nécessaires (car le nécessaire est un trésor pour l'indigent), elle périra l'hiver auprès de ses petits..... Ouvrons les yeux ! ! !

La haine est le cauchemar d'un homme éveillé ; c'est un poids sur le cœur.

Depuis long-tems nous avons trois jours de folie dans

l'année, que nous appelons carnaval. Il en existe un autre aujourd'hui que l'on peut nommer carnaval politique. Les uns prennent le masque de la religion, les autres ceux de la fixité, de la popularité ou des prérogatives de la royauté. A cet égard nous en sommes au mardi-gras ; quand donc arrivera le mercredi pour mettre fin à cette insupportable mascarade ? On leur criera des cendres ! des cendres ! vous n'étiez que poussière, vous allez redevenir poussière.

———

Un fondé de pouvoir qui abuse d'une procuration pour ruiner son mandateur, est puni par les lois civiles : que de coupables, si cette loi s'étendait jusqu'aux délits politiques !

———

Marcher en avant ! Fi donc, ce serait contraire aux principes !! nous voulons par des routes tortueuses apprendre à la nation à rétrograder jusqu'au neuvième siècle. Voilà comme quelques députés parlent au nom du peuple.

———

Interrogatoire. — Quel âge avez-vous ? — Vingt-cinq ans. — Qui êtes-vous ? — Le baron de.... — Votre profession ? — Colonel du régiment de...... — Votre opinion ? — Celle d'un homme d'honneur.... — Mais encore ? — Royaliste plus que le Roi.... — Combien avez-vous de service ? — Deux ans.... — On vous a fait un passe-droit ? — Ah ! sans l'ordonnance du 5 septembre je serais maréchal-de-camp... — Voyez ce que c'est que l'injustice ; soyez ultrà, monsieur, et assurez en tous lieux que vous êtes une victime.... on vous rira au nez.

———

Dans une grande famille, les enfans gâtés sont ceux qui donnent le plus de chagrins à leurs *parens*. Est-ce le peuple qui a refusé l'impôt territorial et l'acceptation de l'édit du timbre. Plus on a, plus on veut avoir.

FIN.